BEI GRIN MACHT SICH IHR WISSEN BEZAHLT

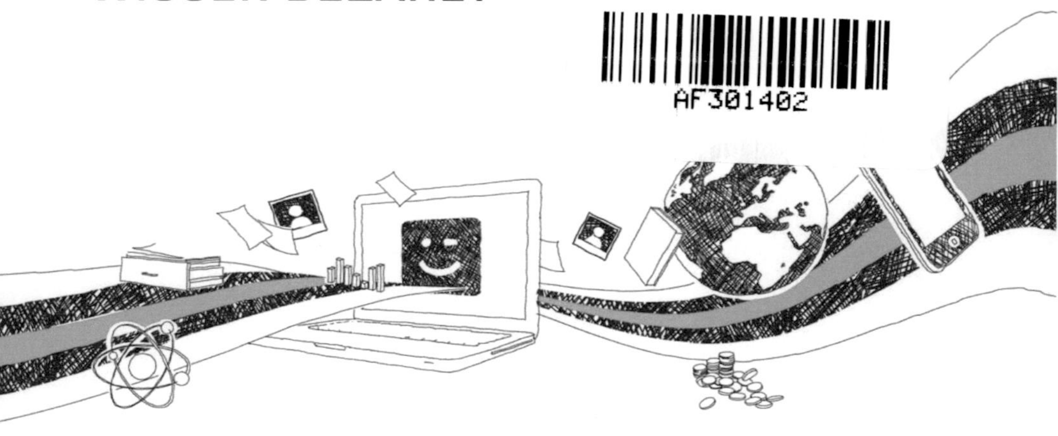

- Wir veröffentlichen Ihre Hausarbeit, Bachelor- und Masterarbeit

- Ihr eigenes eBook und Buch - weltweit in allen wichtigen Shops

- Verdienen Sie an jedem Verkauf

Jetzt bei www.GRIN.com hochladen und kostenlos publizieren

Impressum:

Copyright © 2008 GRIN Verlag, Open Publishing GmbH
Druck und Bindung: Books on Demand GmbH, Norderstedt Germany
ISBN: 9783640541829

Sylvia Meier

Bildnis des Federico da Montefeltro und der Battista Sforza von Piero della Francesca

Eine Betrachtung im Kanon der florentinischen Porträtmalerei des 15. Jahrhunderts

GRIN Verlag

GRIN - Your knowledge has value

Der GRIN Verlag publiziert seit 1998 wissenschaftliche Arbeiten von Studenten,
Hochschullehrern und anderen Akademikern als eBook und gedrucktes Buch. Die
Verlagswebsite www.grin.com ist die ideale Plattform zur Veröffentlichung von
Hausarbeiten, Abschlussarbeiten, wissenschaftlichen Aufsätzen, Dissertationen
und Fachbüchern.

Besuchen Sie uns im Internet:

http://www.grin.com/

http://www.facebook.com/grincom

http://www.twitter.com/grin_com

Universität Basel, Kunsthistorisches Seminar

Vorlesungsprotokoll zur Sitzung vom 2. Dezember 2008

Zur Vorlesung Renaissance

BA Kunstgeschichte und Germanistik, im 7.Semester

WS 2008

Bildnis des Federico da Montefeltro
und der Battista Sforza von Piero della Francesca

Eine Betrachtung im Kanon der florentinischen Porträtmalerei des 15.Jahrhunderts

Das Bildnis des Federico da Montefeltro und der Battista Sforza von Piero della Francesca scheint mir exemplarisch für die neue Sicht auf den Menschen zu stehen. Eine Sicht, die die intimen, individuellen und somit auch fehlerhaften Züge des Menschen wichtiger bewertet als bis anhin. Nicht mehr allein die Repräsentation seiner Vorzüge, positiven Charaktereigenschaften und Erfolge bilden das Zentrum des Interesses, sondern auch die Merkmale die ihn von anderen Persönlichkeiten unterscheidet und dadurch auszeichnet. Diese Tatsache spiegelt sich folglich auch in der florentinischen Porträtmalerei des 15.Jahrhunderts wieder und führt so, wollen wir dem Wortlaut Professor Andreas Beyer folgen, zum „neuen Bild vom Menschen"[1]. Da die Malerei, wie auch alle anderen Künste, immer ein Zeugnis fliessender Übergänge ist, sowohl in Geschichte, gesellschaftlichen Konventionen und deren Ausprägungen, so kommt es auch in der Porträtmalerei zur Verschmelzung alter und neuer Traditionen. Dies zeigt sich sowohl in der Thematik, dem Stil, als auch in der Komposition der Porträts. So sehen wir uns bei der Betrachtung des zu untersuchenden Diptychons gezwungen, unseren Blick nach Norden zu werfen, ohne dabei die augenscheinlichen Bezüge zur römischen Antike oder zur klassischen Darstellung italienischer Profildarstellungen auszublenden. Piero della Francesca vereint in seinem Doppelbildnis Aspekte der Repräsentation mit denen der Individualität. Stilistisch betrachtet, bedient er sich der italienischen Porträttradition, indem er die beiden Porträtierten im Profil zeigt; sie jedoch gleichzeitig von einem ausgedehnten Landschaftspanorama hinterfangen lässt- eine Kombination, die ganz der niederländischen Manier entspricht. Wie sich die Merkmale im Detail zuordnen lassen und in welchen künstlerischen Feinheiten sich Macht, politische Gesinnung und Persönlichkeit manifestieren, soll im Folgenden aufgezeigt werden.

---

[1] Beyer, Andreas: S.33

Formale Aspekte

Beim Bildnis handelt es sich um zwei Porträtansichten die in der Gestalt eines Diptychons auftreten. Auf der Rückseite der beiden Tafeln, die aufgrund deutlicher Gebrauchsspuren heute als die Aussenansichten des Diptychons gewertet werden, befinden sich die Triumphe der Porträtierten. Die frühere Annahme, dass die Bildnisse ursprünglich als die Aussenseite gedacht waren, scheint augrund ihres tadellosen Zustandes eindeutig widerlegt.[2]

Die beiden Personen werden wie bereits erwähnt, als Brustbildnisse im Profil dargestellt und blicken sich, bei geöffneten Flügeln, an. Damit steht die Darstellung ganz in der Tradition des Ehebildnisses. Übermächtig gross und losgelöst scheinen die Porträts vor einen Landschaftszug plaziert. Die Landschaft, die sich hinter der Frau erstreckt, geht dabei nicht nahtlos in die Landschaftszüge, wie sie sich hinter dem Mann aufweisen, über. Hier scheide ich mit Bertelli, der von einem perfekten Übergang der Landschaftsstruktur spricht, welcher schon im Wesen des Diptychons begründet sein soll. Schon die unterschiedliche Farbgebung der beiden Tafeln erzeugt einen Bruch, der durch die unterschiedlichen Topographien zusätzlich verstärkt wird. Dieser durch den Künstler bewusst gesetzte formale Bruch ist erwähnenswert, da er auch auf der ikonologischen Interpretationsebene, wie im folgenden Kapitel gezeigt werden soll, seine Bedeutung erhält. Der Unterschied in der farblichen Intensität zieht sich auf den Triumphszenen weiter. Eine kompositorische Analogie im Bildaufbau ist zwischen den beiden Tafeln dennoch ersichtlich. Das untere Drittel der beiden Tafeln wird in derselben Manier durch eine Bordüre abgetrennt. Darin befinden sich Inschriften, die in ihrem Wesen an die Steininschriften aus Majuskeln gebildet, erinnert. Darüber sind die Triumphszenen dargestellt; diese manifestieren sich in einem von Pferden und Einhörnern gezogenen Wagen, auf denen die Porträtierten thronen. Den Hintergrund bestimmt jeweils ein Landschaftsbild, welches mit der Panoramaansicht der zugehörigen Tafel auf der Vorderseite korrespondiert.

---

[2] Vgl. Bertelli, Carlo: 220

Wie in der Einleitung bereits erwähnt, handelt es sich um eine besondere Vereinigung von niederländischer und italienischer Maltradition.

> Es ist das erste Mal, dass zwei Porträts in solcher Unmittelbarkeit vor einer Landschaft gesetzt erscheinen; tatsächlich gibt es, so ist treffend bemerkt worden, kein Bild in der abendländischen Malerei, das einen solchen Kontrast der hautnahen Präsenz zweier Menschenbilder und einer geradezu kosmischen Grösse der Weltsicht verbindet.[3]

Tatsächlich ist diese Kombination verblüffend erfrischend, wenn wir uns beispielsweise an das *Bildnis eines Mannes und einer Dame* von Robert Campin (Abb.3) (Meister von Flémalle) erinnern. Ein Porträt das um 1500 durchaus als „moderne" Erscheinung gelten konnte. So wies es doch die für den flämischen Maler Campin typischen Merkmale auf: das ungeschönte Darstellen des Menschen, das Zulassen von Hässlichkeit, wenn die Natur sie so hervorbrachte- kurz, der Verstoss gegen jegliche höfische Grazie. Piero bedient sich diesem Habitus der wirklichkeitstreuen Darstellung und lässt grösstenteils von einer idealisierten Malweise, wie sie die höfische Porträtmalerei in Italien praktizierte, ab. Dennoch unterscheidet er sich in einem Punkt gravierend von Campin: im Umgang mit dem Hintergrund. Campins Raum der die Figuren umgibt, ist stets undefiniert, leer und zeugt daher von einer gewissen Unsicherheit.[4]

Das Augemerk fällt somit ausschliesslich auf die Figuren und ihre Authentizität. Seine Porträts bringen die individuellen Züge des Modells zum Vorschein. Dabei haften ihnen Begriffe wie *vehemens* an, die schon für die Charakterisierung Pisanellos Porträt des Condottiere Leonello (Abb.4) verwendet wurden. Die Schwierigkeit dabei ist jedoch, dass die Eigenschaften ausschliesslich nur durch die Gesichtszüge ausgedrückt werden können. Der Kontext, das Wirkungsfeld der dargestellten Person, bleibt hingegen unangetastet und ausgeklammert. Dass Piero den Hintergrund zusätzlich mit Bedeutung auflädt, die Person somit in einen Kontext bettet, verleiht ihm die Möglichkeit, den Porträtierten umfassender zu charakterisieren und zu präsentieren. Der Mensch erscheint in seiner wirklichen, natürlichen Umgebung; dies entspricht ganz dem neuerwachten Interesse des

---

[3] Zitiert nach Beyer, Andreas: 79
[4] Vgl. Beyer, Andreas: 33

Renaissancemenschen an seinem natürlichen Umfeld. So haben verschiedene Florentiner Maler mit Kompositionen experimentiert, die die Persönlichkeit der Modelle ins Bild einbringen sollten. Verwandte florentinische Beispiele zu Pieros Ehepaarbildnis, die ebenfalls die Komposition von Porträt und Landschaftsdarstellung aufweisen, sind Andrea del Castagnas *Porträt eines Mannes (1450)*(Abb.5), oder auch Sandro Botticellis *Porträt eines jungen Mannes mit der Medaille Cosimos d. Ä. (1474)*(Abb.6).[5] Allerdings spielen die Landschaften dabei eine rezessive Rolle; raumbestimmend bleiben aufgrund ihrer Dreiviertelansicht die Personen. Anders bei Piero della Francesca. Die Profilansicht des Federico da Montefeltro und der Battista Sforza geben den Raum frei für den Blick in die Ferne. Worin liegt aber nun des Künstlers Bestrebung, die Landschaft so detailgetreu abzubilden? Welchen Zweck erfüllt sie im Bezug auf die Darstellung des Ehepaars? Dient sie einem repräsentativen Begehren? Diese Frage ist sicherlich zu bejahen. Aber was repräsentiert sie? Prof. Andreas Beyer wie auch Carlo Bertelli sind sich einig, dass die Landschaft nicht als topographische Landschaft rund um Urbino zu bestimmen ist. Es handelt sich hierbei vielmehr um fiktive Landschaftszüge, die sinnbildlich besetzt sind und somit den Charakter symbolischer oder gar „politischer Landschaften" einnehmen. Die Feldeinteilungen in Federicos Bildnis verweist auf die von ihm eingeführte Landreform; die blühende, bewirtschaftete Landschaft zeugt von einer erfolgreichen Regierung des Herzogs und ist weit entfernt von einer romantisch verklärten Stimmungslandschaft. Der Triumphzug auf der Rückseite glorifiziert zudem das, was Federico auf dem Bildnis verkörperte. Während er darauf als stolzer Grossgrundbesitzer ausgezeichnet wird, erscheint er auf der Rückseite als Herrscher über ein Herzogtum, als Agierender, als aktive Person. So sah ihn auch Jakob Burkhardt, der in ihm schlechthin die Verkörperung des "Renaissance-Menschen" erkannte- einen Feldherren und Gelehrten, der fromm und weise über sein Volk herrschte. Er schrieb ihm gar die Persönlichkeit eines *uomo universale* zu.

In der Triumphszene trägt Federico eine Rüstung, einen roten Umhang und in Händen hält er ein Szepter- alles Indizien die ihn, laut Battisti, als Fürsten ausweisen. Die Verherrlichung ist hier allerdings nicht bis zum Letzten ausgelotet. Bertelli spricht von einer gewissen Mässigkeit, Zurückhaltung in der Lobpreisung, indem Piero auf das Erwähnen von Namen und das Anbringen der üblichen fürstlichen Insignien und Ritterorden verzichtet. Für Bertelli ist dies ein Ausdruck echter, tiefer und vor allem

---

[5] Galerieführer (Internet)

diskreter Würdigung der Montefeltro. Eröffnet sich uns hier ein Paradoxon? Kann ein Porträt repräsentativ und zugleich bescheiden sein? Die geschichtliche Tatsache, dass der illegitime Sohn Federico die Herrschaft über Urbino erst nach dem gewaltsamen Tode seines Bruders, für den er stets der heimlich Verdächtige blieb, erhielt, scheint hier eine Rolle zu spielen. Federico hatte die Aufgabe, diesen Verdacht von sich zu weisen und dies wollte er tun, indem er die Gelehrsamkeit der Künste für sich arbeiten liess.

> Es ging darum, ein neues Bild von sich entwerfen zu lassen, das keine Fragen nach schuldhafter Verfehlung oder dynastischer Legitimation aufkommen liess, sondern den Anspruch auf Herrschaft in aufsehenerregender Weise an Bildung und ästhetische Kompetenz knüpfte.[6]

In dem Sinne scheint es bedacht zu sein, sich als erfolgreich, aber nicht zu ehrgeizig und machtgierig darstellen zu lassen – die Tugenden Bescheidenheit und Menschlichkeit bildlich festzuhalten. Noch eindeutiger tritt diese Bescheidenheit in seinem Bildnis zu Tage. Er wird von Piero nicht etwa glamourös idealisiert. Wie eben schon bei Campin, werden seine charakteristischen Züge unterstrichen; seine ausgeprägte wenn auch eher unschöne Nase durch die strenge Linienführung der Profilansicht, hervorgehoben. Makel, wie Unreinheiten der Haut oder die dunklen Schatten um seine Augen, bleiben ebenfalls unkaschiert. Dass er bei einem Turnier in jungen Jahren sein rechtes Auge durch einen Schwerthieb verloren hat, ist womöglich der Grund für die radikale Profilansicht. Denn zu der Zeit hatte das Dreiviertelporträt in Florenz bereits Einzug gehalten hat. Unbestritten, hier werden unvorteilhafte physische Tatsachen verborgen, aber eben nicht geleugnet. Das „Nichtzeigen" ist noch keine Idealisierung. Auf diese Weise können „harmlose" Makel immer noch als gute Eigenschaften gedeutet werden. So wurde die gekappte Nasenwurzel oft als Verweis auf *fortitudo* - Tapferkeit – gelesen. Die Kurvenreiche Linie seines Profils verleiht ihm zusätzliche Prägnanz und Individualität.[7] Kurz: der Herrn von Urbino erscheint auf der Vorderseite in seiner ganzen Privatheit, während er in der Triumphszene mit allen Symbolen der Macht und Repräsentation ausgestattet wird.[8] Womöglich ist hierin auch eine Analogie zur Formel aus der

---

[6] Vgl. Tönnesmann, Andreas: 47
[7] Vgl. Tönnesmann, Andreas: 46
[8] Vgl. Beyer, Andreas: 81

mittelalterlichen Herrscherliturgie zu erkennen: zum Terminus, dass ein König über zwei Körper verfügt.

Die gleiche Person im „Körper" der pneumatischen Herrschergestalt und ihm zweiten Körper des physischen Individuums.[9]

Dies entspräche wiederum der Bestrebung, das Individuum in seiner Privatheit und Herrschertätigkeit gleichzeitig zu zeigen. Daher ist auch die gedankliche Verknüpfung mit der Münz -und Medaillenkunst naheliegend. Wie die Tafeln im Diptychon, verfügt auch die Münze über eine Vor- und Rückseite. Zudem wurden die Herrscher, wie in unserem Beispiel des Federico, im Seitenprofil dargestellt. Dies hatte eine repräsentative, heroische Wirkung, jedoch auch den Sinn, den Menschen, dem Volke, in bildhafter Form nahe und präsent zu sein. Die Annahme, dass es bei Federico nicht um eine Darstellung von Rang ging, wird auch in seiner Kleidung ersichtlich. Ferderico ist vom Mantel bis zum Hute in scharlachroten Stoff gekleidet, der sich kräftig von dem lichten blau des Himmels abhebt. Möglich, dass dieser Erscheinung etwas Königliches anmutet. Eine genauere Betrachtung negiert jedoch den ersten Eindruck. Die Leuchtkraft der Farben ist wohl eher das Ergebnis der italienischen Züge in Pieros Malweise. Auf Attribute, wie Hermelin oder den Hosenbardon, die Federico als Fürsten ausgezeichnet hätten, wurde jedoch bewusst verzichtet.[10] Vielleicht führt die These bereits zu weit, aber womöglich hat es auch mit der Tatsache zu tun, dass wohlhabende Florentiner nicht selten bescheidene Kleidung trugen, um ihre Tugend der Bescheidenheit zum Vorschein zu bringen. Mit anderen Worten: „um dem Geschmack der Stadt für republikanische Bescheidenheit Rechnung zu tragen."[11]

Auf das Bildnis der Battista Sforza soll an der Stelle nicht vertieft eingegangen werden. Dennoch ist ihre Stellung, besonders im Kontext der Gattung des Ehebildnisses, erwähnenswert. Die formalen Aspekte, lassen auf ein gleichberechtigtes Verhalten zwischen den Eheleuten schliessen. Battista Sforza steht Federico auf Augenhöhe gegenüber; und scheint ihrem Gatten ebenbürtig zu sein. Auch das Grössenverhältnis der Antlitze lässt keine mindere Stellung der Sforza vermuten. Allerdings ist die ihrige Tafel in helleren, kontrastärmeren

---

[9] Zitiert nach Beyer, Andreas: 81
[10] Bertelli, Carlo: 220
[11] Galerieführer (Internet)

Farbtönen gehalten. Ihr Gesicht wirkt blass und dadurch verklärter aber auch nicht so vehement und charakteristisch wie dasjenige von Federico. Sie tritt somit vor dem Batrachter doch leise in den Schatten ihres Gegenübers. Diese Rolle füllt sie allerdings auf schickliche, ehrwürdige Weise aus. Die Inschriften auf der Rückseite würdigen sie als „Zierde ihres Gemahls"[12]. Wenn auch die Passivität der Battista aus heutiger Sicht negativ gewertet werden könnte, muss sie im 15. Jahrhundert wohl als die ideale Darstellung gegolten haben. Dass die Sforza in der Triumphszene auf dem Wagen in einem Andachtsbuch lesend dargestellt wird, wobei sie von den Tugenden Glaube, Liebe, Hoffnung und Keuschheit umgeben ist, zeichnet sie endgültig als vorbildliche Ehefrau aus. Dass die Wagen je von einer Personifikation des Eros gezogen werden, unterstreicht noch den Aspekt der Verbundenheit der beiden Porträtierten. So steht das Motiv sinnbildlich für die eheliche Liebe. Natürlich kann auch dies repräsentativ gewertet werden. So bemerkt Marcella Baur-Callwey in ihrer Dissertation zu den männlichen Doppelporträts ganz richtig, dass

> das Ehepaarbildnis immer in Kongruenz zur gesellschaftlichen Theorie und Praxis, wobei sich durch den hohen Stellenwert der Ehe in Religion und Gesellschaft der Gegenstand aus sich selbst heraus erklärte und legitimierte. [13]

Dass die Liebe und Achtung der Battista Sforza dennoch tief und ehrlich verstanden werden kann, zeigt die folgende Interpretation. Gilbert, Venturi und Clough verglichen nämlich die Inschrift auf dem Flügel der Battista mit dem Stil klassischer Trauerklogen und kamen dabei zum Ergebnis, dass das Bild vermutlich auf das Ableben der Dargestellten Bezug nimmt. Battista starb bei der Geburt ihres Sohnes. So hat das Ehebildnis bestimmt eine persönlichere Konnotation, als zunächst vermutet werden könnte. Piero della Francesca ist es also gelungen, Repräsentation und Individualität des Herzogpaars in einem Werk zu vereinen oder- um es mit den Worten Da Vincis auszudrücken, „die Bewegung des Geistes" sichtbar zu machen.

---

[12] Beyer, Andreas: 82
[13] Zitiert nach Baur-Callwey, Marcella: 24

Literaturverzeichnis

- Baur-Callwey Marcella, Die Differenzierung des Gemeinsamen. Männliche
Doppelportraits in England von Hans Holbein d. J. bis Joshua Reynolds (Überarb.
und gekürzte Diss.): Martin Meidenbauer München 2007
- Beyer, Andreas, Das Porträt der Malerei: Hirmer Verlag München 2002
- Bertelli, Carlo, Piero della Francesca. Leben und Werk des Meisters der
Frührenaissance: Du Mont Buchverlag Köln 1992
- Burckhardt, Jacob, Die Kultur der Renaissance: Nikol Verlagsgesellschaft
Hamburg 2004
- Tönnesmann, Andreas, Die Kunst der Renaissance: Verlag C.H. Beck oHG
München 2007

Internet

- Galerieführer zu Porträtmalerei in Florenz, im Italien des späten 15.
Jahrhunderts. http://www.nga.gov/collection/pdf/gg06ge.pdf, konsultiert am
23.Dezember 2008.

Abbildungsverzeichnis

[Anm. d. Red. – die Abbildungen sind aus nutzungsrechtlichen Gründen nicht im Lieferumfang enthalten, können über die u.g. Quellenangaben aber recherchiert werden]

Abb.1

Piero della Francesca, Bildnis des Federico da Montefeltro und der Battista Sforza (Diptychon), 1472, Öl auf Holz, jede Porträttafel 47 x 33cm, Florenz, Galleria degli Uffizi. (Vorderseite)

Abb.2

Piero della Francesca, Bildnis des Federico da Montefeltro und der Battista Sforza (Diptychon), 1472, Öl auf Holz, jede Porträttafel 47 x 33cm, Florenz, Galleria degli Uffizi. (Rückseite)

Abb.3

Robert Campin, Bildnis eines Mannes und einer Dame (Diptychon), 1430-1435, Öl auf Holz, jede Porträttafel 40,7x28 cm, London, National Gallery.

Abb. 4

Antonio Pisano, Porträt des Condottiere Leonello, 1441, Tempera auf Holz, 28 x 19cm, Bergamo, Accademia Carrara.

Abb.5

Andrea del Castagno, Porträt eines Mannes, um 1450, Öl auf Holz, 54 x 40,5 cm, Washington, National Gallery of Art.

Abb.6

Sandro Botticelli, Porträt eines jungen Mannes mit der Medaille Cosimos d. Ä., 1474, Tempera auf Holz, 57,5 x 44cm, Florenz, Galleria degli Uffizi.

BEI GRIN MACHT SICH IHR WISSEN BEZAHLT

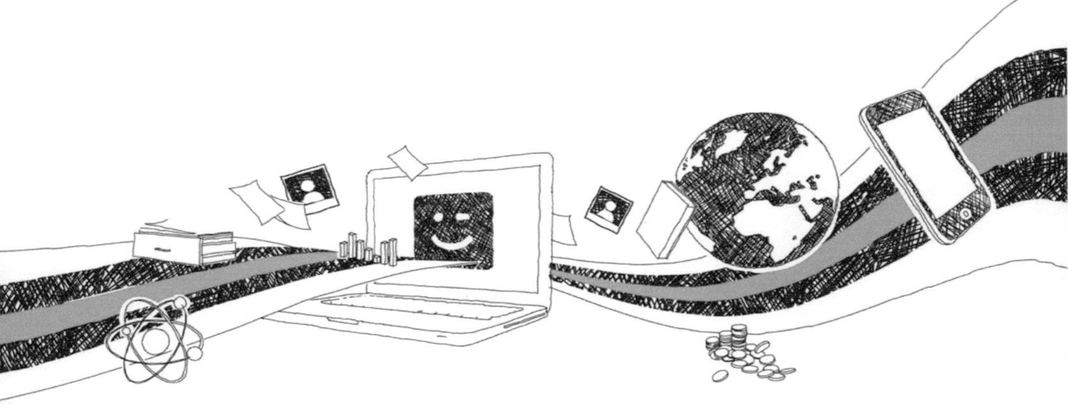

- Wir veröffentlichen Ihre Hausarbeit, Bachelor- und Masterarbeit

- Ihr eigenes eBook und Buch - weltweit in allen wichtigen Shops

- Verdienen Sie an jedem Verkauf

Jetzt bei www.GRIN.com hochladen und kostenlos publizieren

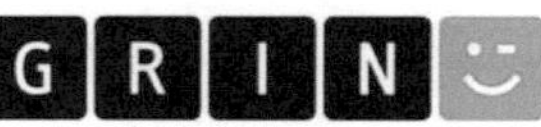